Alexandra Funk & Ralf Apel

Fröhliche Weihnachten

Vielseidig Verlag

Impressum:

Ideen und Ausführung: Alexandra Funk, Ralf Apel
Satz & Bildbearbeitung: Stefan Funk, Teuschnitz
Fotos: Fotostudio Hummel, Steinach
Lithos: Lipfert-Repro, Coburg
Vertrieb: Edith Groh
Druck: Fränkischer Tag, Bamberg

ISBN 3-930529-38-6 Best.-Nr. 29386

Auflage 10 9 8 7 6 5 4 3 Rechte Zahl ist aktuell

Fröhliche Weihnachten

Schon wieder Weihnachten? Mir kommt es vor, als hätte ich erst vor zwei Wochen den Baum entsorgt. Tatsächlich ist es wieder soweit. Da merkt man mal wieder, wie schnell doch so ein Jahr vergeht. Aber eigentlich kommen die festlichen Tage doch wie gerufen. Die Hektik des Alltages sollte man jetzt hinter sich lassen und in kleinstem Kreise den Jahresausklang vorbereiten.

Um Ihnen den familiären Bastelabend genauso schmackhaft wie die leckeren Weihnachtsplätzchen zu machen, haben wir uns wieder tolle Motive für die schönste Zeit und danach ausgedacht. Bleibt nur noch, allen eifrigen Bastlerinnen und Bastlern, Groß und Klein, viel Spaß und Erfolg zu wünschen.

Sandy & Ralfi

Material & Werkzeug

Schere, Cutter, Kreisschneider, Stanzeisen, Bügelmusterstift, Knetgummi, Bleistift, Sekundenkleber, Moosgummikleber, wasserfester Fineliner, Prägestift.

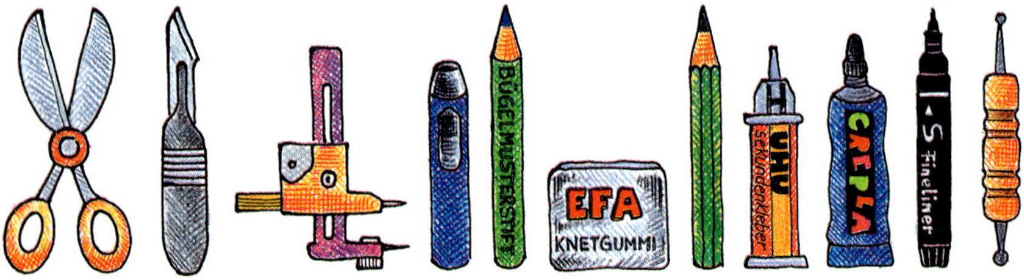

Und hier noch einige Tips!

Während des Schneidens sollten die Moosgummiteile gedreht werden. Dabei möglichst wenig absetzen und stets ganz hinten in der Schere neu ansetzen. Ziehen Sie Kurven und kleine Rundungen, wie z. B. bei Fingern, möglichst in einem Zug durch. Beim Schneiden verlaufen die Kanten nach hinten schräg weg, was nur noch zu sehen ist, wenn das Teil herumgedreht wird. Deshalb sollte beim Schneiden das Motiv immer seitenrichtig sein.

Der beste Leim für Moosgummi ist Sekundenkleber. Langes Andrücken der einzelnen Teile fällt weg. Durch die feine Düse ist auch ein punktgenaues Kleben möglich, was z. B. beim Aufbringen der Halbperlen wichtig ist.

Kinder sollten jedoch nicht mit Sekundenkleber arbeiten. Dieser klebt nämlich auch sehr schnell kleine Finger zusammen!! Zum Basteln mit Kindern gibt es speziellen Moosgummikleber.

Schritt für Schritt

1. Legen Sie das Transparentpapier auf den Vorlagebogen. Mit einem Bleistift die einzelnen Motive nebeneinander nachzeichnen. Blatt umdrehen und auf der Rückseite das Motiv mit dem Bügelmusterstift nachfahren.

2. Das Transparentpapier nun mit der "blauen Seite" nach unten auf den Moosgummi legen. Mit einem Prägestift rubbeln Sie das Motiv durch.

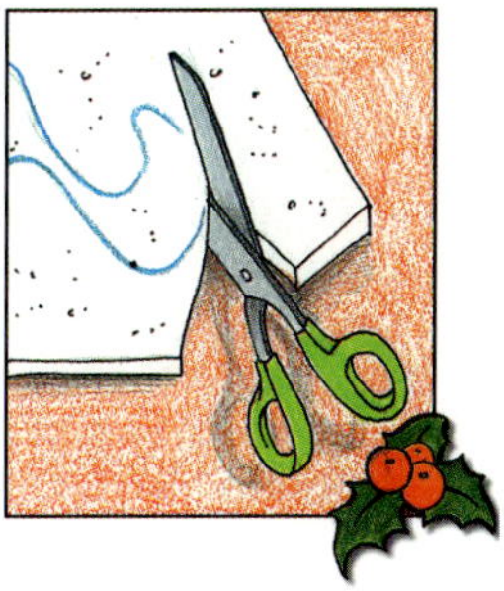

3. Schneiden Sie alle Teile mit einer scharfen Schere aus. Um möglichst wenig Ansätze zu erhalten, schneidet man immer ganz hinten in der Schere, Kurven werden in einem Zug durchgeschnitten. Mit einem Knetgummi die Ränder vom Blaustift "reinigen".

4. Beim Zusammenkleben nehmen Sie die Vorlage zu Hilfe, damit die Proportionen stimmen. Mit einem Fineliner werden dünne Konturen, wie z.B. Augenbrauen, aufgemalt.

Wenn der Schnee aus dem Rahmen fällt

Motivgröße: 30 x 40 cm

Moosgummi: 2 mm: Weiß, Schwarz, Orange
3 mm: 1 Platte 30 x 40 cm, Hellblau

Material: Gelber Strickschlauch ca. 3 cm breit, 30 cm lang
Orangenes Satinband 3 mm, 20 cm lang (2 x 10 cm)
7 weiße Pompoms mit Silberstreifen ø 2 cm
1 schwarze Halbperle
Dünner Nylonfaden
Dünnes hellblaues Satinband, ca. 60 cm
Glitzerfarbe gold, Perlmuttglimmer

Dieser kalte Geselle mit dem traurigen Blick ist recht schnell gebastelt.

Der Schneemann besteht aus einem Teil. Nase, Hut und Knöpfe (Kohlen) werden aufgesetzt. Aus Strickschlauch binden Sie den Schal und machen an die Enden kleine Schleifen. Aus der 30 x 40 - Platte schneiden Sie den Rahmen 4 cm breit. Um eine bessere Stabilität zu erhalten, wird der obere Rand nochmals mit einem Stück 3 mm Moosgummi hinterklebt (4 cm x 30 cm). Dazwischen hängen Sie die Schneeflocken mit Nylonfaden. Die Sternchen mit Glitzergold auftragen. In die noch nasse Farbe etwas Glimmer streuen.

Zuletzt links und rechts vom Rand Löcher stanzen und das Bändchen einbinden.

Die Weihnachtsgans

Motivgröße:
16 x 36 cm

Moosgummi: 2 mm: Rot, Weiß, Maisgelb

Material:
1 schwarze Halbperle ø 8 mm
1 Schelle ø 15 mm
1 offener Ring ø 10 mm
Rundstab 5mm, Stabadapter
2 rote Holzsterne
Geglühter Draht
Glitzerfarbe gold, Goldfäden
ca. 20 cm rotes, dünnes Satinband

Dieser tierische Weihnachtsmann gibt sich mit nur drei Farben zufrieden, was ihn jedoch keineswegs farblos erscheinen läßt.

Legen Sie die Mütze am Kopf an, und setzen Sie den Mützenrand darüber. Die Beine sowie die Stiefel werden je übereinander geklebt, dann die Stiefel auf die Beine. Den Stern haben wir mit gedrehtem Draht von hinten befestigt. Stecken Sie jetzt den Adapter auf den Stab und kleben ihn mit Heißleim möglichst weit oben am Kopf an. Der Stab verschwindet hinter dem Hals.

Zum Schluß mit Glitzerfarbe und Goldfäden verzieren.

Spielzeugbaum

Moosgummi:
2 mm: Rot, Beige, Hellbraun, Maisgelb, Orange, Mai-, Dunkelgrün, Hellgrau, Pink, Hellblau, Blau
1 mm: Weiß, Maigrün, Schwarz, Gelb ,Rosé, Hellblau
4 mm: Grün
Strukturmoosgummi: Hellblau

Motivgröße: 40 x 47 cm

Material:
4 schwarze Halbperlen ø 4 mm
2 Wackelaugen ø 9 mm, 4 Wimpernaugen ø 7 mm
Stohseidenpapier gelb, 3 offene Ringe ca. 1 cm
Dünne weiße Kordel 30 cm lang
6 rote Rillenperlen ø 12 mm,
Glitzerfarbe gold, Goldfäden
Dünnes Satinband ca. 15 cm gelb und ca. 50 cm blau

Bei diesem verspielten Mobile müssen die meisten Teile zweimal gebastelt werden (siehe Vorlagebogen).

Baum: Dieser ist aus 4 mm Moosgummi. Stanzen Sie in die Spitze oben ein Loch und befestigen das Bändchen, bevor von beiden Seiten der Stern überklebt wird.

Bär: Ohren und Bauch sitzen zwischen Kopf und Füßen.

Lokomotive: Kleben Sie zuerst beidseitig die Stäbe auf die Räder. Dieses komplette Fahrwerk sitzt zwischen den beiden Lokomotivteilen.

Trommel: Schneiden Sie den Trommelrand als Rahmen, d.h. das graue Trommelfell sitzt dahinter.

Das Anbringen der Kordel mit Perlen in den Ringen ist auf dem Vorlagebogen beschrieben.

Ich warte auf den Weihnachtsgruß

Moosgummi: 2 mm: Grün, Dunkelbraun, 3 Blautöne, Beige, Hellgrau, Gelb, Rot, Hellbraun, Weiß, Grau
1 mm: Weiß, Grau, Pink

Motivgröße:
24 x 39 cm

Material: Glitzerfarbe gold, Perlmuttglimmer
1 schwarze Halbperle ø 4 mm

Basteln Sie zuerst das Vögelchen. Achtung: Bevor Sie den Flügel und das herunterhängende Füßchen ankleben, zuerst die Postkastenklappe hinter und den Postkasten mit grauem Scharnier auf das Vögelchen setzen. Für den Schriftzug "Post" können auch fertige Buchstaben verwendet werden.

Beim Gartenzaun liegen die Querbalken hinter den Pfeilern. Dort, wo sich diese überschneiden, setzen Sie die ausgestanzten Schrauben auf. Der Brief steckt im Schnee. Hierzu schneidet man entlang der Bodenwellen einen 7 cm langen Schlitz.

Zuletzt mit Glitzerfarbe und Glimmer verzieren.

POST

Wenn ein Stern vom Himmel fällt...

Motivgröße:
Ø 53 cm

Moosgummi: 2 mm: Weiß
3 mm: Gelb
Strukturmoosgummi: Rot
Moosgummikugel 30 mm in rosa o. mit Farbe bemalt

Material: 2 ovale Wackelaugen 15 x 20 mm
1 Schelle ø 15 mm, 1 offener Ring
5 Rundstäbe ca. 25 cm, ø 5 mm
Dünnes Satinband rosé, ca. 1 m
Geglühter Draht
Weicher roter Buntstift oder Pastellstift
Glitzerfarbe gold und Goldfäden

Haben Sie schon jemals so einen verrückten Stern gesehen?

Schneiden Sie den Stern auf jeden Fall zweimal aus, einmal davon seitenverkehrt. So ist er stabiler. Die 5 Holzstäbe kleben Sie zur Mitte verlaufend mit Heißleim dazwischen. In den Mützenrand wird ein Schlitz von ca. 5 cm Länge geschnitten, der Stern eingeschoben und verklebt.

Da die Zipfelmütze sehr dünn geschnitten wird, empfiehlt es sich, etwas Draht dahinter zu leimen (siehe Vorlagebogen). Die Sterne umranden Sie mit Glitzerfarbe. Solange diese noch frisch ist, etwas Goldfäden aufstreuen.

Niko &

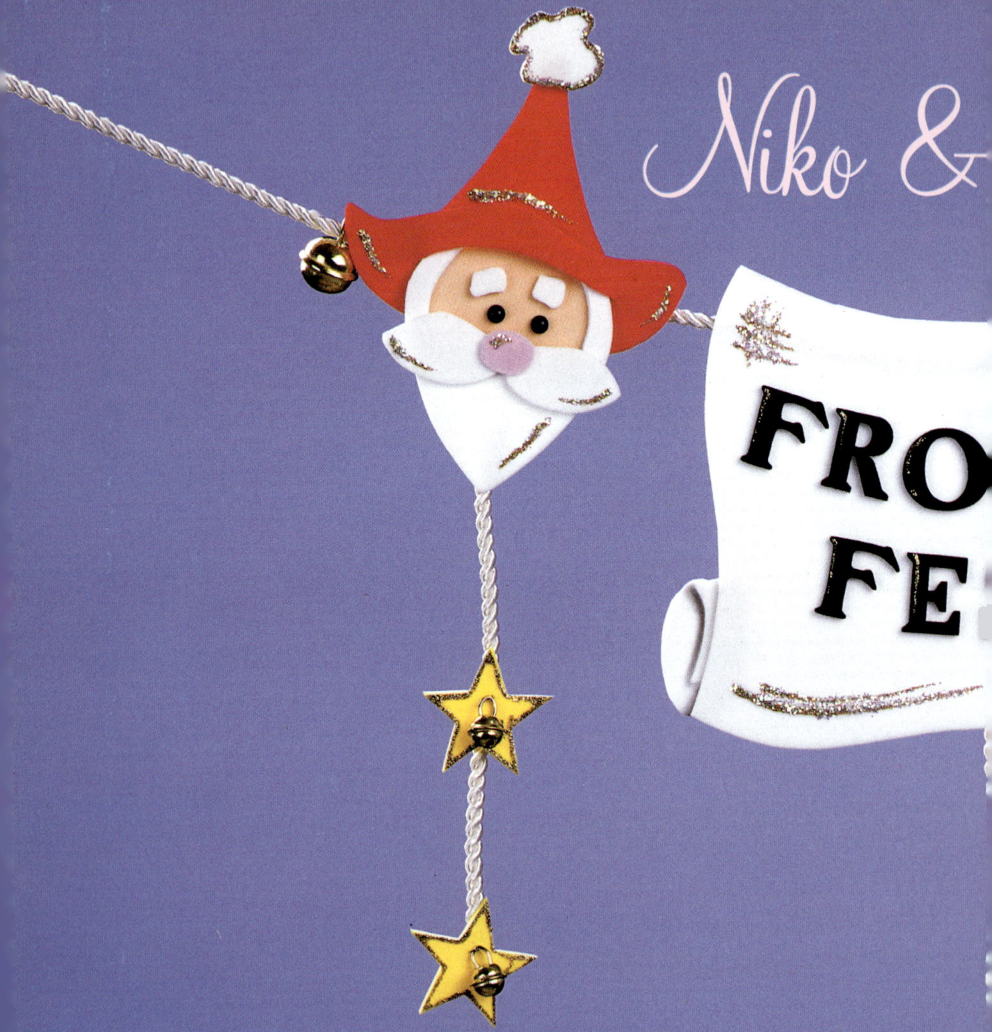

Moosgummi:	2 mm: Weiß, Rot, Haut, Maisgelb 1 mm: Dunkelgrün, Bordeaux, Weiß Moosgummibuchstaben: F R O H E S F E S T
Material:	4 schwarze Halbperlen ø 5 mm 2 Schellen ø 15 mm, 6 Schellen ø 9 mm Weiße Kordel 4 mm, 150 cm lang Glitzerfarbe gold, Perlmuttglimmer

Motivgröße:
42 x 38 cm

Laus

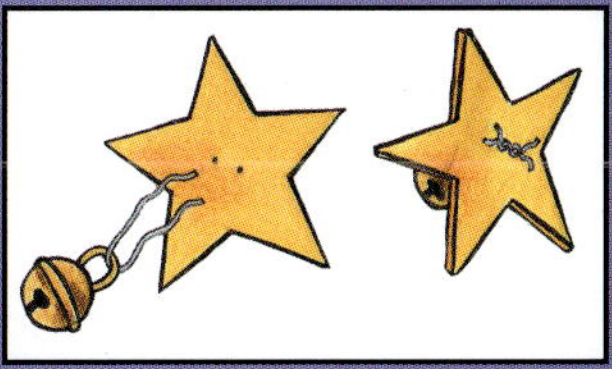

Niko & Laus sind Zwillinge, die sich immer streiten, wer nun der echte Nikolaus ist. Aber bei dieser witzigen Girlande halten sie zusammen wie Pech und Schwefel.

Fangen Sie mit dem Bart an und schneiden diesen aus. Das Gesicht wird hinten angeleimt. In den Hutrand schneiden Sie einen ca. 6 cm langen Schlitz und stecken den fertigen Kopf ein. Die kleinen Schellen werden mit dünnem Draht festgemacht oder angenäht (siehe Skizze). Die fertigen Motive kleben Sie am besten mit Heißleim auf die Kordel.

Von oben nach unten

Moosgummi: 2 mm: Weiß, Haut, Hellgrau, Blau, Hellblau, Maisgelb, Orange, Schwarz
1 mm: Weiß, Hellblau, Rot, Grün
Strukturmoosgummi: Rot

Motivgröße:
20 x 50 cm

Material: Goldkordel ø ca. 6 mm, 60 cm lang
2 schwarze Halbperlen ø 8 mm
Glitzerfarbe gold, Perlmuttglimmer, Goldfäden
Goldstift

Beginnen Sie mit dem Bart. Die Mundhöhle wird ausgeschnitten, mit Schwarz hinterklebt und die Zunge eingesetzt. Nun das Gesicht auflegen, die Nase wird links und rechts etwas eingeschnitten, um den Schnurrbart einzustecken. Den grauen Mützenrand kleben Sie hinten an und ziehen die Spitze über die Stirn. Zum Schluß Brauen aufsetzen und Mütze anleimen.

Die Schrift auf dem weißen Schild haben wir erst mit schwarzem Fineliner umrandet, dann mit einem feinen Goldstift ausgemalt. Bei den Glocken werden die orangefarbenen Ränder innen ausgeschnitten und mit Schwarz hinterklebt. Die Glockenbimmel sitzen etwas dazwischen.

Zuletzt verzieren Sie alles nach Belieben mit Glitzerfarbe, Glimmer und Goldfäden. Nach dem Trocknen auf die Kordel kleben.

Frohe
Weihnachten

Weihnachten ist wie Käse!

Moosgummi: 2 mm: Grau, Dunkelgrün, Maigrün, Maisgelb, Weiß, Rot
1 mm: Rosé, Hellblau, Maisgelb
Strukturmoosgummi: Dunkelgrün

Material: Regenbogentransparentpapier
1 schwarze Halbperle ø 5 mm
Geglühter Draht
1 Knopf rot
Plusterfarbe rot
Glitzerfarbe gold, Perlmuttglimmer

Motivgröße:
30 x 30 cm

Das behauptet zumindest Molly Maus, denn Käse ist ihr ein und alles!

Die Schnurrhaare von Molly sowie ihr Schwanz sind aus geglühtem Draht. Malen Sie die Hosenstreifen mit Pluster - oder Bastelfarbe- auf. Stanzen Sie die Löcher in den Käse und kleben diesen auf den Weihnachtsbaum. Kerze und Flamme werden auf den Kerzenschein gesetzt, der Docht mit Fineliner aufgemalt.

Kleben Sie das Motiv zusammen und verzieren es mit Glitzerfarbe und Glimmer.

Ein Engel wünscht...

Moosgummi: 2 mm: Haut, Maisgelb, Weiß

Material:
Geglühter Draht
2 ovale Wackelaugen 6 x 9 mm
Glitzerfarbe gold, Perlmuttglimmer
Blaues Satinband ca. 50 cm
Plusterfarbe rot
Weicher Buntstift rot

Motivgröße:
25 x 24 cm

Dieser witzige Weihnachtsgruß ist auch von Kleinen leicht zu basteln.

Schneiden Sie in das Haarteil den Pony am besten mit einem Bastelmesser ein. Dazwischen wird das Gesicht geschoben. Die Wangen haben wir mit einem weichen Buntstift etwas angedeutet. Man kann auch Rouge nehmen. Vom geglühten Draht schneiden Sie ca. 30 cm ab, knicken diesen in der Mitte und drehen ihn zusammen (siehe Skizze). Darauf die Sterne setzen.

Das Schild wird unten nach hinten gerollt und angeklebt. Beim Plustern der Schrift achtgeben, daß der Moosgummi beim Fönen nicht wellt.

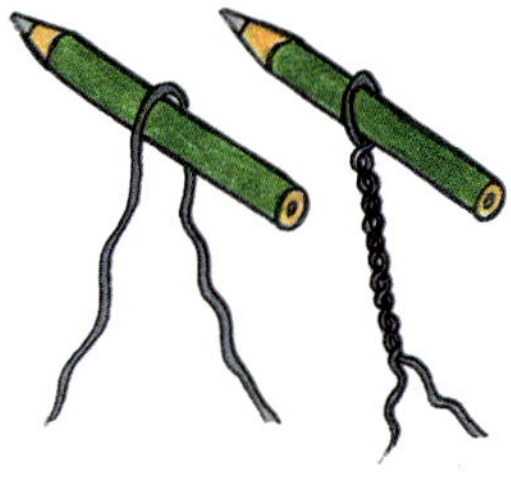

FRÖHLICHE
WEIHNACHTEN

Ein cooler Schifahrer

Moosgummi: 2 mm: Opal, Hellblau, Blau, Dunkelblau, Dunkelgrün, Grün, Maigrün, Türkisgrün, Hellgrau, Schwarz, Weiß, Orange, Grau, Dunkelbraun
Strukturmoosgummi: Gelb

Motivgröße: 26 x 31 cm

Material:
2 schwarze Halbperlen ø 5 mm
1 orange Moosgummikugel ø 20 mm
Geglühter Draht
Glitzerfarbe gold

Bunt, bunt, bunt sind alle meine Farben! Der Sonnenschirm hat acht davon in Form von ineinander verlaufenden Tönen. Kleben Sie diese acht Ecken auf einen schwarzen Untergrund. Der Schneemann selbst besteht aus einem Stück. Die Knöpfe sind zwei Halbkugeln. Den Schirmgriff kleben Sie zwischen Hand und Bauch. Achten Sie darauf, daß das Ende zum Mittelpunkt des Schirmes reicht. Für die Spitzen der Schi haben wir je ein kleines Stück Draht hinterklebt und gebogen.

Zuletzt mit Glitzerfarbe einige Glanzpunkte setzen.

Das Kleine Haus

Moosgummi: 2 mm: Rotbraun, Hellbraun, Weiß, Dunkelgrün, Beige, Hellblau

Material: Regenbogenkreppapier oder
Regenbogentransparentpapier
Glitzerfarbe gold, Perlmuttglimmer
Aufhänger (Bilderöse)

Motivgröße:
19 x 32 cm

Beginnen Sie mit dem rotbraunen Hausteil. Die drei Fenster werden ausgeschnitten, am besten mit dem Cutter (Bastelmesser). Vorne kleben Sie dann die Rahmen und die Türe auf. Von hinten wird das Regenbogenkrepp angebracht. Legen Sie den Kamin an die Kante des Hauses und kleben das Schneedach darüber. Ebenso beim Schild verfahren.

Die Schrift haben wir mit Glitzerfarbe aufgetragen. Natürlich können Sie das Schild auch mit wasserfestem Stift auftragen oder kleine Moosgummibuchstaben aufkleben. Als Aufhänger eignen sich die anklebbaren Bildösen aus dem "Gießformen"-Programm.

Herzlich
Willkommen

Wauzi im Schnee

Moosgummi: 2 mm: Beige, Dunkelbraun, Rot
1 mm: Rosé

Material: 1 schwarze Halbperle 8 mm
Holzstab ø 5 mm, Stabadapter
Dünnes Satinbändchen rosé
1 rosa Holzperle
Glitzerfarbe gold, Perlmuttglimmer

Motivgröße:
14 x 25 cm

Endlich Winter! Und Wauzi scheint's zu schmecken.

Wauzi ist recht einfach zu basteln. Den Schneehaufen auf seinem Kopf schneiden Sie links etwas ein und stecken den Kopf dazwischen. Dahinter wird das Ohr geklebt. Um Wauzis Hals binden Sie eine Schleife und kleben die rosa Perle auf den Knoten.

Zum Schluß alles mit Glitzerfarbe und Glimmer verzieren. Nach dem Trocknen den Adapter ankleben und den Stab einstecken.

Zu Hause beim Weihnachtsmann

Moosgummi: 2 mm: Hellgrau, Weiß, Rot, Schwarz, Haut
1 mm: Gelb, Haut
Strukturmoosgummi: Grau

Material: 2 ovale Wackelaugen 9 x 7 mm
2 Goldringe ø 20 mm
Glitzerfarbe gold, Perlmuttglimmer

Motivgröße:
22 x 29 cm

Zufrieden lehnt sich der Weihnachtsmann in seinem Sessel, der in der Ecke eines alten Speichers steht, zurück. Alle Geschenke sind verteilt, und es ist endlich etwas Zeit für eine kleine Ruhepause.

Beginnen Sie mit dem Kopf. Auf das Haar- und Bartteil das Gesicht setzen. Den Schnurrbart nur unten ankleben, die Brille (zwei Ringe) dazwischenstecken. Auf die Armlehnen werden die Hände gesetzt, beides dann auf den Mantel. Das Unterteil der Lehne hinten ankleben. Hängen Sie die Mütze an der Sessellehne auf, dazu steckt man den oberen Mützenrand dahinter. Zuletzt mit Glitzerfarbe und Glimmer verzieren.

Vielseidig Verlag

Weitere Weihnachtshefte von Ralf Apel & Alexandra Funk

Und wieder kommt der...
Weihnachtsmann
19 himmlische Ideen aus Moosgummi, Tonkarton und Holz
Heft DIN A4
ISBN 3-930529-20-3

Merry Christmas
Weihnachtsideen aus Tonkarton zum Schneiden und Kleben
Heft 14x20 cm
ISBN 3-930529-16-5

Weihnachten
Selbstgemachtes Drumherum
Heft 14x20 cm
ISBN 3-930529-05-X

Frohes Fest
19 originelle Ideen aus Moosgummi für die schönste Zeit des Jahres
Heft DIN A4
ISBN 3-930529-15-7

Laubanger 19b 96052 Bamberg **Vielseidig Verlag** GmbH Tel. 0951/ 6 89 97 Fax. 0951/ 60 32 99